在這段哀悼的日子，
她每一天逐漸的在我裏面死去，
使我再也不可能視她
如母親一般地依賴她。
然而，我沒有因為讓她溜走而失去她。
相反地，我發現
我倆從未如斯接近過。
在基督的聖靈裏，通過基督的聖靈，
她真的成為我底真實
存在的一部分了。

——盧雲

靈修著作精選｜盧雲系列｜

別了母親後

盧雲 著｜莊柔玉 譯

基道出版社

靈修著作精選 • 盧雲系列

念
別了母親後
In Memoriam

原著
盧雲 Henri J.M. Nouwen

舊譯
《別了，母親》

譯者
莊柔玉

責任編輯
黃大德

內文設計
陳琦

封面設計
石依恒

■

出版／發行
基道出版社
香港沙田火炭坳背灣街 26 號富騰工業中心 1011 室
LOGOS PUBLISHERS
Unit 1011, Fo Tan Ind. Centre, 26 Au Pui Wan St., Shatin, Hong Kong
電話：(852) 2687-0331 傳真：(852) 2687-0281
網址：http://www.logos.com.hk

承印
陽光印刷製本廠

●

10/1991 舊譯初版 5/2000 重譯初版 1/2007 重譯二版
Cat. No. LP740-2A
ISBN-10: 962-457-174-0
ISBN-13: 978-962-457-174-5
Original Edition "In Memoriam"
Published by Ave Maria Press, U.S.A.

Printed in Hong Kong

刷次	11	10	9	8	7	6	5	4	3	2
年份	2023	2022	2021	2020	2019	2018	2017	2016	2015	2014

編者序

思／念的心迹

都是一心而作。因為念，所以思。然後有了*In Memoriam*。念也好，思也好，*In Memoriam*也好，都是一心而作，因而是盧雲的心迹。只是，「盧雲的心迹」又多了一層意義，並非尋常意義的心迹。這「並非尋常」固然可以指盧雲；因為盧雲非比尋常，故其心迹亦非比尋常。裏外相合，表裏一致。存有(Being)與行動(Act)，一體而化，是謂迹本圓融。只是，循迹見本，倒過來説，不單合理，且是認識上必須的。説「認識上必須」，還有另一層含意。這個必須是一種顛覆的必須，必須顛覆的是先入為主的盧雲形像。因為先入為主，也就形成成見、定見、執見，也就封限了、僵化了盧雲的生命。結果，讀其心迹，實則讀的只是自己固有的心迹，因而也就同時封限了、僵化了自己的生命。盧雲生命的奧祕與姿采，成了計算中的必然預期。因而，顛覆是必須的。必須顛覆成見、定見、執見，進入解蔽的境地，騰出更廣闊的空間，讓盧雲的心裏在當中顯現。只是，這樣也不是說，可以完全抹去在此之前的盧雲，不過要求敞開，容讓盧雲的心迹說話。

容讓盧雲的心迹說話。解蔽以傾聽。一如盧雲自身的解蔽以傾聽。盧雲怎也想不到母親的死亡是帶著掙扎的。

> 我們沒有預期會有焦慮、恐懼、劇痛。我們又怎會？她的生命美麗、溫柔、慷慨，把可以付出的一切都全然付出了。這樣的生命又怎可能會以焦慮、疼痛、飽受折磨的掙扎告終？心境平靜的人應該死得寧謐；忠實虔誠的人應該死得安靜；常存愛心的人應該死得祥和。但這是真的嗎？我是誰，竟自製簡單化的方程式及邏輯次序？我連人為何活著都不知，又怎能期望自己明白人會怎樣死去？假如生命是一個奧祕，為甚麼死亡會被視為一種我們能掌握與理解的真實？（頁12）

因念而思，盧雲思／念的是母親死亡的意義。盧雲要從思／念中傾聽母親死亡的意義。這樣，盧雲的思／念，就不是緬懷過去，把生命埋葬於重複逝去的動作之中。盧雲的心迹，因而並非一種消逝於過去而不返的舉動。

嚴格地說，在念中浮現的是母親死亡的事件，在思中呈現的是母親死亡的意義。而念不離思，思以念為對象，故說思／念。只是，怎麼樣的思，才不致一去不返？怎麼樣的思，才不會為死亡吞噬？怎麼樣的思，才不致沉入虛無？只有沉思，只有傾聽的沉思。沉思以傾聽，傾聽隱蔽在母親死亡中生命發出的聲音；因此，沉思乃深沉至隱蔽於死亡中的生命裏去思。生命擅於隱蔽。因為生命是奧祕，深不可測。只有沉到那深不見底的生命本源裏去，才能思想生命。也就是說，在生命中沉思生命，在隱蔽於死亡的生命中沉思生命。這樣，沉思即必須穿越死亡，走過死蔭幽谷；沒有捷徑。生命比死亡更深奧，更深不可測。然而，因為如此沉思生命，也就同時沉思死亡的意義。或說，只有如此沉思生命，死亡的意義方才開顯。就此而論，我們才可以說：「未知生，焉知死。」

《尼西亞信經》說，聖靈乃生命的靈，因為聖靈乃生命自身，一切有限的生命均由此而出。這樣，在生命中沉思生命，意即在聖靈中沉思生命，以及死亡。只有在聖靈中沉思生命，方才可能傾聽死亡的意義。如此思／念，方才不會被死亡的虛無所吞噬。如此思／念，方才可能活得精采，泰然迎接生命每一天不可預期的發生。因此，盧雲思／念母親的舉動，留下的心迹，實則乃自身生命解蔽、敞開、傾聽的連串動作，穿越死亡的痛苦而領悟生命自身深奧難測的力度。都是一心而作。盧雲思／念的心迹，閱讀，以透入此一心迹的深沉，從而領悟生命的奧祕與死亡的意義，只有如盧雲一般——讓自身生命解蔽、敞開、傾聽，在聖靈中，在生命自身中。都是一心而作。以心應心——在聖靈中，在生命自身中。

鄧紹光

二〇〇〇年三月二十三日

譯者序

知覺之間

譯者可分為很多類型。其中一種界分，是把譯者分為自覺和不自覺兩種相對的類別。不自覺的譯者，認為把原文的文字翻成指定的語言，就完成了翻譯的任務，並不深究整個翻譯計劃所牽涉的寫作或出版問題。譯者的角色猶如不帶主觀判斷的翻譯工具，譯者儘量避免干預傳遞信息的過程。假如原文和譯文之間出現意義上的分歧，這大抵是由於不自覺的遺漏或失誤，而非譯者刻意的修訂或改動。不自覺的譯者通常選擇以隱形的方式存在；譯者序對他們來說只不過是不必要的奢侈品或附屬品。有趣的是，這類譯者不一定是譯壇的新手，即使是專業的譯者，若然認為翻譯純粹是簡單的文字轉換工作，也可界定為非自覺的譯者。

自覺的譯者考慮的問題可複雜多了。自覺又可分為「外在的自覺」和「內在的自覺」。外在的自覺泛指譯者對翻譯工作牽涉的各種外在因素的認知，這包括譯本的市場定位、讀者的時尚口味、譯本在出版社全年翻譯計劃中的位置、譯本與其他文字媒體的互涉關係、譯本在特殊時空下對某個閱讀羣體可能產生的影響等。這些抱有外在自覺意識的譯者不會把自己視作翻譯機器；翻譯之餘，可能會帶有獨特的文字使命，想藉翻譯來傳遞思想、弘揚理念等。至於內在的自覺，則指譯者對翻譯的本質的敏銳觸覺與澄澈認識，認知的層面遍及文字的傳意過程、翻譯的規範模式、讀者對翻譯作品的普遍理解、翻譯理論與翻譯實踐之間發展步伐的差距等。對自覺的譯者來説，譯者序既是譯者與讀者溝通的主要橋梁，也是譯者展現翻譯作為一種文化現象的媒介；只有通過序言，譯者才能把翻譯過程中面對的動態掙扎與艱難取捨，通過一把正文以外的聲音呈露出來。

回想起來，這是我第二次翻譯盧雲的作品了。八年前翻譯《新造的人——屬靈人的印記》時，大概是一個不自覺的譯者；如今著手翻譯《念——別了母親後》時，嘗試加入自覺的譯者行列中。所謂自覺與不自覺，並不是優勝劣敗的分野，而是對翻譯工作抱有不同的理解。內裏反映的，可能是翻譯理論在學術領域上的發展走勢，或閱讀羣體在翻譯觀念或期望規範上的變化。無論如何，都得承認，翻譯的理念不是靜態的，翻譯的過程不是千篇一律的，翻譯的作品不是超越時空的產物：翻譯其實是在特定地區特定年代下的一種文化呈現，不能抽離於整個社會的文化大氣候。到了公元二千年，若然還緊抓十九世紀末嚴復提倡的「信、達、雅」觀不放，又或對二十世紀七十年代以來急速發展的各種翻譯理論不聞不問，雖然能享受從不自覺而來的平靜和穩定，卻不免逃避了從自覺而來的挑戰與磨煉。二十一世紀的今天，譯事至少也有「三難」：破、立、合是也。破者，突破陳舊僵化的翻譯觀也；立者，為翻譯作品建立活潑的生命也；合者，把翻譯的理論與實踐結合也。求其「破」者，已大難矣。顧破而不「立」，雖譯猶不譯也，則「合」尚焉。

莊柔玉

二○○○年四月十三日

引言

一九七八年十月九日六時十四分，星期一的黃昏，母親與世長辭了。我不在她的牀邊，那是很少有的時刻。我剛巧要打一個電話，離開了病房。再入病房時，弟弟望著我，說：「母親不行了。」父親正把頭埋在病榻中，悄悄啜泣。本來在房外談話的弟妹也走進病房來，呆望著母親祥和的臉容。一切就這樣結束了。

醫生來到房間，測聽完母親心臟的跳動後，說：「是的，她已逝世了。」隨後，我們一起禱告。我努力搜索能代表我們心底話的字句：悲痛的字句、感激的字句、盼望的字句。那真是一個非常親密的時刻。母親躺臥在那裏，寧靜而安祥。我們邊看著母親，邊同心祈禱：「主啊！求你在這一刻引領她進入你的居所，同時賜我們繼續活下去的勇氣，並因著母親對我們所做的一切常存感激的心。」禱告完畢，我們一同離開病房。還記得在最後的五日五夜，一家人曾在那裏無時無刻的守候在旁，目睹著母親點點滴滴的痛苦與掙扎。如今告別病房，我們知道她永不會再與我們在一起了。

我想寫下與母親相處最後數天的事情。在那段日子，太多事情發生了。我恐怕日常生活的旋風會把回憶捲走；除非我能找到恰當的言詞，把當中的經驗陳述出來。我想表達在那段日子，母親的愛、關懷、信心、勇氣，對我來説，都較從前的任何時刻來得清晰可見；也想表達我如何得到嶄新的體會，明白作為她的兒子是怎樣的一回事。不過，要抒寫上述種種，實在太困難太悲痛了。每一字似乎都不合適；每一種表達方式似乎都有違我真切的感受；每一頁的讚美或感謝似乎都扭曲了母親用她溫柔的生命編織成的愛網。然而，若不寫下來，情況會更糟；不寫就好像沒有為母親的逝世致哀，又或感受不到其中的痛楚，又或並無深嘗與母親訣別的苦澀。

我曉得要繼續活下去是可以的，只要告訴自己母親之死就像人人都必經一死一樣，而我要勇敢、剛強、鎮定自若、堅定不移。我曉得怎樣回應朋友的慰問。當他們説：「我為你母親的去世感到難過。」我心裏早已準備妥當：不會説太多的話使他們感到納悶；也不會說太少以致自己顯得突兀或冷漠。到目前為止，我反覆說過許多遍以下的話：「謝謝……是的……一切事情都來得較我們想像的快……她跟父親到美國來探訪我……抵達肯尼迪機場時，她感到十分疲倦，不能進食……一位醫生朋友發現她患了由腫瘤引起的黃疸病……只過了四天她已跟父親返回來……在荷蘭動了手術……癌症證實已擴散開去……手術過後她恢復知覺，但六天後卻死於肺部的併發症……」

我記不起說過多少遍那些毫不重要的話。為甚麼我要重複唸叨著那些空洞的句子？它們並沒有解釋甚麼。更糟的是，它們似乎是隱藏事實多於展示真相。每次使用那些字句時我總是質問自己為甚麼不能把那個奧祕向別人說明——那個我已置身其中的奧祕；那個向我揭示的新景象。無止境的對話：「節哀順變吧」……「是的，我真難過」往往觸發起一種奇怪的疲憊，而不是帶來貼心的安慰。儘管這樣，我還是非常感激一切為此事表達哀傷的人，並且相當樂意把我的悲痛與所有人分享。只是有些太重要的事情發生了，我怎也不能局限於以好幾句常說的話加以概括，我至少該多談一點。

母親不在人世了。這不能稱為獨特的事件。它不過是人類經驗中極常見的事情。甚少兒女不曾經歷或不會經歷母親的離世；不管母親的逝世是猝然還是緩慢的，是遠在他方還是近在身邊的。不過，我仍想仔細思索整件事，因為它雖然不是甚麼罕有的、異常的或奇特的事件，但在很多方面仍然未被知曉、尚待理解。其實，每每在常見的、尋常的、平凡的事件中，人會觸碰到人生的奧祕。在小孩誕生、異性相擁、父母去世的時刻，生命的奧祕會向我們顯明。正是當我們最富人性情感、最深入接觸到把我們連繫起來的東西時，就會發現生命隱祕的深處。這正好解釋了為甚麼我現在感到可輕鬆自若地談及母親；縱然她是我一向以來極深愛的媽媽，她的去世帶給我極深沉的悲痛。她曾用不同的方法告訴我，如今仍在告訴我，最普遍的東西同時也是最個人化的。

記得每當我在其他人面前稱讚母親時，她總是感到尷尬不已的。她不喜歡我談論她。不過現在她再也不會把我的話題扭轉，再也不會感到靦覥了。現在她不再單單是我的母親了；她是一個剛告別塵寰的婦人，而她的兒子想談論她在有生之年和離開人間後向他揭示的信息。她在生時，她的生命只屬於少數人；她辭世後，她的生命卻惠澤所有人。

1

一切都來得太急——而慢！我從紐約乘飛機往阿姆斯特丹時，已隱約知道我將要跟母親說再見。雖然我經常踏上同一旅程，但這次旅途好像不太真實的。四周的景物彷彿逐漸隱沒，我意識到自己的感覺正醞釀著變化。坐在右邊的一位健談的女士告訴我她女兒就讀大學的事情，我卻聽得相當吃力。我心內迷漫空濛，連購買耳機去聽音樂或看電影都虛疲無力。我也不能叫自己集中精神看書，因為它會把我帶進其他人複雜的生活世界裏。在寒峭的北大西洋上空，我感到孤獨。不是寂寞，不是沮喪，不是焦慮，不是驚慌，而是一種全新的孤獨。母親即將離開人世了。她在等著我回去，她想見我，想與我一起禱告。就是這種真實的感覺，在飛機帶我返家的途中，在我的腦海裏盤旋不休。我覺得一些非常新的事情快將降臨在我身上。

一個月前，我從耶路撒冷飛往羅馬。坐在我身旁那位年約六十的男士向我解釋，他正要返回美國出席兄弟的葬禮。我記得我感到不自在，有點尷尬，有點忸怩。我甚至有點惱怒，因為我要坐在這個男人身邊三小時，不能享有「正常」的談話。現在，我卻是那位招來尷尬或惱怒的人，使那些不願意從愉快的度假心情中被拖拉出來的人類同胞感到不安。我領悟到悲傷是不受歡迎的友伴，而甘願進入陌生人的哀痛中的，是多了不起的人。

清晨七時，我終於走在斯希普霍爾機場的狹長通道上。兩小時後，我抵達了位於奈梅亨的醫院，母親正躺在病牀上，在痛苦中。自從看見母親的臉頰後，我曉得一些全新的事情已經出現了。我微笑著，她望著我，神情感激，因我來了。我輕吻她的額，輕觸她的手。此時此地，既難於說話，也不必說話。似乎惟一重要的，是我倆正在對方身邊。

她望著我的眼神，跟一向以來的並無兩樣——我入讀神學院時、成為修士時、離家到美國定居時：她的眼睛正傳達著一份與痛苦永不分離的愛。也許那就是經常深深打動我心的地方——她的眼神；藏在眼眸裏的愛與痛老是糾纏在一起的。每當我在家中逗留一天、一星期、一個月後再度離開，她的眼睛總是噙著淚水！每當我凝望她，她那塊可愛的臉龐總是巧妙地展露著因愛而痛的神情！

我仍可看見她在鹿特丹港向我揮手的情景：她凝望著大郵輪斯塔滕丹號徐徐駛出碼頭，把我首次載往美國去。我仍可看見她在機場的離境處向我揮手的情景：她靜看著我越過「旅客專區」的指示牌，離開出境。我仍可看見她站在門庭前向我揮手的情景：她細看著我坐在弟弟的汽車上，揚塵遠去。在各種回憶中最澄澈的——因為曾出現不下數百次——就是她在火車站的月台上向我揮手的情景：她默默看著一廂廂的卡車在隆隆聲中擦身而過；我則看著她的身影變得愈來愈小，逐漸淡出眼簾。

經常是這樣的，微笑中含著淚珠，歡欣中夾著悒鬱。自出娘胎那一天開始，她的眼淚就已跟歡笑融為一體，一直都是這樣的。

她將會告別塵世，這是毫無疑問的；這個事實已鑿刻在她的臉上。我知道我倆都知道，只是兩人都沉默不語。我彎身靠近她的臉，多接近，多親密，多柔和，多悲痛。凝結在她眼角的淚水告訴我，一方面她感到欣慰，因我來了，但另一方面她又感到憂悶，因為我倆這一刻所能做的，只是互相對望——以及祈禱。

「由我來祈禱好嗎？」我微聲問。她彷彿面露歡顏，輕輕點頭默許。我知道假如她有說話的力氣，必會這樣提議。我覺得詩篇的字句能讓我們在溝通上有簇新的體會。我們使用同一本祈禱書已有一年了。在多個共聚的黃昏，我們曾一起頌讀晚禱文的讚歌與聖詩，共享寧謐的時刻。我打開那本祈禱書，一切都是那麼正常、熟悉、安穩。

神啊，我的心切慕你，
如鹿切慕溪水。
我的心渴想神，就是永生神；
我幾時得朝見神呢？
我晝夜以眼淚當飲食；
人不住地對我說：你的神在哪裏呢？

我從前與眾人同往，
用歡呼稱讚的聲音
領他們到神的殿裏，大家守節。
我追想這些事，
我的心極其悲傷。

我的心哪，你為何憂悶？
為何在我裏面煩躁？
應當仰望神。因他笑臉幫助我；
我還要稱讚他。(詩四十二1～5)

那些詩句在我的脣邊逐漸成形，有如一片溫潤的雲霞把母親覆蓋，霎時間，我感到和母親的距離是從未如斯接近的。縱使她病得很重，不能展開笑靨；血氣太虛，不能說聲感謝；身體太累，不能作出回應，但她的一雙眼睛卻表達了那份單單是我倆能相聚已享有的喜樂。如今，那些詩句正散發著一種我從沒發現的力量，把多愁善感的面紗撥開了。聖詩一字一句的唸出來，我與母親之間忽爾湧現了一份力量、權能、神聖的真實，還有一種叫人欣喜的澄瑩。一個母親將要去世，她的兒子在禱告，神正與她們同在，一切都是美好的。

母親凝望著我時，我知道在我的心靈深處，那份對她常存活於我生命中的感激，並不會隨她的逝世而消滅。我凝視著她時，我曉得她會帶著感激的心離開人世：對丈大，對兒孫，對環繞她四周的歡躍生命。「我的心哪，你為何憂悶？為何在我裏面煩躁？應當仰望神。因他笑臉幫助我；我還要稱讚他。」一股澎湃的力量湧來，既不是來自一個備受痛苦煎熬的婦人，也不是來自一個腸斷心碎的男子。一種真理的感悟把我倆擁抱著。我沒有哭，也沒有想哭的衝動。她沒有哭，也沒想說話的意欲。我們在真理呈現的一刻共聚一起，那是我倆想一起細味的時刻。

還可持續多久？還剩下多少時日能與她相聚？「為何如此憂心忡忡？」我在想。「何不索性停駐這裏，在這非常時刻去細嘗、靜觀上主的美善？」

其後，我再輕吻母親，說：「剛乘長途機回來，睏了，我需要睡數小時，晚上再來看你。」我用拇指在她的前額按上十字架的符號，又說：「晚安……好好休息。」然後靜靜地離開病房回家去，父親和妹妹正在那裏等我。我感到很平靜、很堅強、很喜樂。我倆是在一起的，我倆的四周充滿力量。

2

傍晚，我重回病房時，她的眼神變了。我定睛看她，她再不能與我四目交投了。我輕握她的手，她再不能抓著我的手了。我與弟妹同守在病榻側。我說：「媽媽，我想為你施行病人的聖禮……我想給你塗上醫治的聖油，我們想一同為你禱告。」我彎下身子靠向她，她微聲說：「我甚麼都想不到，由你作主吧。」我點燃了一枝洋燭，然後開始祈禱：祈求醫治，祈求新生命，祈求在這個危急關頭得著力量，祈求有勇氣降服於上帝的旨意。當我三度用手劃十字，為安靜地臥在床上的母親塗油時，我感到她已把眼睛轉向神。

之前，她一直想著我們，談論著我們——丈夫、兒女、朋友。現在，彷彿到了要面對神的時刻。她的眼睛正往內看。她再也看不見她的丈夫勞倫特，她的兒女哈里、保羅與瑪麗亞、維姆與凱爾琴、勞琳與馬克。她正注視著其他的真實：一些更驚心動魄、攝人心魂而卻相當重要的事情。

在洋燭的掩映下，聖禮隨著微聲道出的字句、聖油輕柔的塗抹而完成，恬靜而溫馨。過了一會，母親的掙扎開始了。我們全無心理準備；甚至怎也想不到她的死亡是會帶著掙扎的。我們沒有預期會有焦慮、恐懼、劇痛。我們又怎會？她的生命美麗、溫柔、慷慨，把可付出的一切都全然付出了。這樣的生命又怎可能會以焦躁、疼痛、飽受折磨的掙扎告終？心境平靜的人應該死得寧謐；忠實虔誠的人應該死得安靜；常存愛心的人應該死得祥和。但這是真的嗎？我是誰，竟自製簡單化的方程式及邏輯次序？我連人為何活著都不知，又怎能期望自己明白人會怎樣死去？假如生命是一個奧祕，為甚麼死亡會被視為一種我們能掌握與理解的真實？

我塗在她身上的軟油絕不單是帶來醫治的油。當然，使徒雅各寫以下的經文時，心裏想的最主要是醫治：「你們中間有病了的呢，他就該請教會的長老來；他們可以奉主的名用油抹他，為他禱告。出於信心的祈禱要救那病人，主必叫他起來；他若犯了罪，也必蒙赦免。」(雅五14～15) 然而，油不僅是醫治的象徵，也是掙扎的象徵。古代的戰士打仗前先在身上抹油；現代的摔跤手則用油來舒筋活絡，好使身手靈活敏捷。

我把油塗在母親身上的舉動，難道是助她迎戰人生最後的一場仗？生命與神如斯緊密聯繫的她，難道同時較許多人更確切認識撒旦的魔力？難道真的這樣叫人難以置信：恆常懇切禱告的她，其實也是最意識到魔鬼這位「誘惑者」的存在？難道偉大的信心展現著的，是疑惑的可能性；偉大的愛呈露著的，是憎恨的可能性；偉大的希望揭示著的，是失望的可能性？

我漸次明白到我給她抹上的油，標誌著一場偉大的戰爭必須展開。事實上，這是一場終極的戰爭，當中的威力只有極少數人能領會。

要把艱苦的死亡闡述出來，是十分虔誠的嘗試。母親不只一次，而是經常的告訴我，她害怕死亡。不少人會說相同的話，但母親指的是一些非常具體、十分明確、絕不含混的事情。逝世前三週她告訴我：「我害怕死亡，不是怕去醫院，不是怕做手術，不是怕要受苦。我是怕要去到神面前，敞開生命給祂看。」叫母親顫抖的，原來是這種和神偉大的相遇。她是深深感受到神那份叫人敬畏的偉大，又充分意識到自己的毫無價值，才會對這次會面膽顫心驚。

也許**恐懼**不是最恰當的字眼；也許她的意思是**畏懼**，基於一種深刻得無從抗拒的認識：神與祂創造的人類之間存在著巨大的鴻溝。這種令人顫慄的認識，意味著一個重大的掙扎、一場拚搏、一場鬥爭。人怎能面對神並活在祂面前？人除了信、望、愛外，還能持守甚麼？其他一切的事情似乎都在這個恐怖的時刻遁走了——就算是丈夫、兒女、兒孫、一個活得漂亮又有苦有樂的生命，此時都消失無蹤。在死亡的一刻，只有神是重要的。人的掙扎是孤獨的。事實上，在死亡的時刻，油正是一個深奧的象徵。

我為母親施行病人的聖禮後不久，她就陷入了漫長的、延展著的痛苦。我和妹妹回家後，打算留下來多陪她一會的弟弟，目睹那份恬靜的寧謐離開了她；取而代之的，是一份焦躁不安的惶恐。不僅是母親的雙眼彷彿不再注意身邊的人，她的動作也不再協調，她整個身子像是給恐懼佔據了。弟弟把母親的變化告訴我後，我們決定由那一刻開始，要不分晝夜的伴著她，要逐日逐時、逐分逐秒地陪她與痛苦搏鬥。

我們的生命是何等不可思議的奧祕！我們將會目睹摯愛的母親在疼痛中苦苦掙扎，對這個將要發生的事實，我們每人都心裏有數。我們甚麼都不能做，只能守在這裏，緊握她在空氣中焦躁不安的手，輕抹她滴著汗珠的前額，細心關切地拍鬆她的睡枕，盡量為她提供絲絲點點的舒適。

我還未弄清自己在那些時刻的感受。我感到無力、渺小、無助之餘，同時又嘗到安寧、剛強、平靜。我正看到和感到一些以往從沒見過或感受過的事情，但仍未找到能闡述這個經歷的字眼：無力而剛強、悲戚而安寧、破碎而整全。我還未充分了解這份全新的感覺。不過，有一樣事情使我感受深刻，以至我可以清楚說出來：我能在這個嚴峻的考驗時刻成為真理的一部分，是一種福氣。

一切都是真實無偽的。母親快要離開人世了，沒有人拒絕相信。雖然她受的苦深沉又深邃，她卻沒有在我們面前隱藏起來。我們經歷伴她同行的特權，不獨能接近她的苦難，還可與她的苦楚親密相扣，與她的劇痛緊密相連。望著母親空洞無神的眼睛，引導著她胡亂舞動的手臂，對她不斷說著安慰鼓舞的話，我並不感到害怕，或焦慮、緊張、忸怩。我從未如此深刻地感受到真理叫人得釋放的滋味。這是非常神聖的一刻，我能在此，是福氣。

外面的世界——街道上擦過的車子、醫院走廊傳來的聲音、在美國的學生、要講授的課堂、要參與的會議、要撰寫的論文、要討論的書本——忽爾變得朦朧縹緲，晃盪著不真實的幻影。真理乃在此時、此刻、此房間：母親快要逝世，她要同生與死的巨大力量作垂死的搏鬥。

她再也看不見我，或父親，或我的弟妹，但她卻看到我們看不到的。她從搏鬥的深處向神呼叫：「神呀，我的神，我的父，我的神。」這些話，這在她生命裏說過不知多少遍的話——如今正發自她存在的深處，形成了綿長而悲痛的呼喊。

悠長的分秒演化為漫長的日與夜，她的呼喊變得愈來愈深沉、激盪。挨近她時，我隱約聽到她的禱告：「我在天上的父，我相信，我盼望，我愛……我的神，我的父……」我相信這是面對那個偉大的會面的掙扎。我很想給她所需的自由，助她進入這個孤獨的時刻；給她空間，好叫這個最神祕的事件得以發生。我知道她需要的，不單是慰藉的話；在這場信心的掙扎中，她需要各種我們能給予她的支持。我與父親、弟妹一起照她暗示的禱文祈禱——主禱文、信經、萬福馬利亞、聖母的連禱文。這樣，我們感到像是替她講出她不能再說出的話，並用禱告的盾牌把她包圍，使她得以奮力打這場孤獨的仗。

為甚麼？為甚麼在一個善良、慈和、溫柔、仁厚的婦人身上，我們目睹如斯劇烈的痛楚？為甚麼向來慷慨無私的她，竟要進入這個飽受折磨的時刻？為甚麼她要面對這樣的痛楚、苦難、掙扎？

在母親臨終的日子，上述的問題反覆出現。身邊的朋友不時慨歎，要一個可愛可敬的婦人承受如斯痛苦的死亡真不公平。很多朋友替她不值，堅決認為她不應陷入這場受盡痛苦撕裂的搏鬥中。但我們可真的明白箇中的意義？

慢慢地，隨著悠長分秒和漫長日夜的消逝，我開始猜想，母親的掙扎其實是反映了神的愛那份叫人敬畏的真實。誰較主耶穌更眷愛世人？誰曾承受較祂劇烈的痛楚？耶穌一生忠心事奉神，死亡的一刻卻不是平靜而安寧的。沒有罪的祂，卻要承受極深的、不能量度的創痛；祂在十字架上的呼喊：「我的神！我的神！為甚麼離棄我？」仍響徹一個又一個的世紀。

難道母親被召喚去分嘗的，就是這份創痛？難道她被邀請去要較許多人更深刻體會的，就是這個十字架？我不曉得。就這些問題，我不能說是或否。她臨終前發生的事情既不能解釋，也不能弄個明白。但這些日子我腦海中一直盤旋著一個想法：曾深愛多人、付出許多、感觸很深的她，是被召喚去與基督聯合起來，甚至與基督的苦痛聯合起來。

我的朋友不絕的對我說：「你的媽媽事事先替人著想。」這是真的。她為別人而活：為丈夫、兒孫、朋友。她確是以基督的心為心，常常看別人比自己好。但這不等於她就可以安然去世。為何我們認為基督徒會安逸的死去？為何我們相信，只要盼望與基督在生命上聯合，就會叫我們的死亡舒適安泰？一個充滿憐憫的生命是會對其他人的困苦感同身受，也會叫自己的死化成與別人一同死去的行動。我望著母親的掙扎，聽著她盼望和信心的呼叫，不禁猜想她或許正在與許多她曾為其而活的人一同呼喊。

從耶穌極大的痛苦，我們看見這個世界最悽愴的苦楚：「就憂愁起來，極其難過，便對他們說，『我心裏甚是憂傷，幾乎要死……』」(太二十六37～38)每個想以基督的心去活的人，豈不被召喚要同樣以基督的心去面對死亡？對不同的人來說，這可以是指非常不同的事情。當然，這不一定指母親的艱苦搏鬥。然而，也許我們至少要明白，與基督同活的人，必須作好準備隨時要與祂同死，甚至要願意接受祂的邀請，進入祂悽惻的痛苦中。

那麼，這究竟是甚麼樣的痛苦？是對神的恐懼嗎？還是對懲罰、對祂恢弘而神聖的臨在感到惶恐？我不曉得，但就我對所看的一切的感應，那是更深邃的奧祕。那是對那道分隔了神與人的鴻溝的驚恐，而只有信心，才能拉近當中的距離。當一切我們以為珍貴的東西都悄悄溜走了——我們的家和深愛的人、我們的身體及其各種生活的方式、我們的心靈及其各種細心的關注——絕對沒有一樣東西留下來給我們抓緊不放時，真正的考驗臨到了。就是在這時候，人一定要有信心去降服於一位慈愛的主，相信祂不會容讓我們墮進殘酷而深不見底的峽谷，而是會帶領我們進入祂特別為我們預備的家園。母親認識自己的軟弱與缺點。長年累月的深切禱告不但向她揭示神的偉大，也讓她發現自我的渺小；不單向她呈露神的慷慨，也讓她了解自我的惶恐；不僅向她展現神的恩典，也讓她正視自我的罪性。也許正是她持續不斷的與神談話，使她的死變成一樁如斯痛苦的事件。在死亡的一刻，一切都溶化為信心。對神的信心——對那位認識我們存在的每一微細處、儘管我們過犯纍纍仍深愛我們的神的信心——就是那道把我們從今生帶進來生的窄門。

我在說甚麼呢？我是否把一個活得善良卻死得痛苦的婦人之死，編撰成一幕淒絕的存在主義劇？在母親四周悉心照料她的醫生和護士，既不能也不會說出我上文提到的字句和構想。他們只會把整件事情理解為逐漸缺氧、難以解釋的焦躁不安、無從明白的呻吟。然而，這就是所能說出的一切嗎？無疑，缺氧會導致焦慮，但不是所有焦慮都會變成獨自與神相會時信心掙扎的經歷。那我談及分嘗基督的痛苦，到底在說甚麼呢？有些人，主要是醫護人員，把母親的掙扎純粹詮釋為對一個極徹底的手術的生理反應。其他人，那些認識母親的虔敬的人，則把這個掙扎視作她在半昏迷狀態中久遠的記憶的重現，以及潛藏她內心的日常用語的嘮叨。但我看到別的事情，我看到自己的母親正在進入那個完全單獨與神會面的時刻，而在那一刻，她要作出生命最後的決定：信心的決定。

3

某一天，她不再是我生命的一部分時，事情會變成怎樣，感覺又會如何？這幾年來，我經常問自己這個問題，雖然我明白不會有答案，因為這種體驗對我來說總是遙不可及。我逐漸意識到在我的童年、青少年、成年各階段，我跟母親的聯繫愈來愈深，愈來愈密，甚至到了一個地步：在她離開塵世前，我永遠沒法完全了解聯繫的含意。每次我試圖猜想沒有她的生命是怎個樣子，我的腦海就會一片溟濛，甚麼都完全想像不到。可是，我逐漸感應到母與子的關係有種奧妙的深度。我也讀過一些心理學的書，認識何謂佔有欲強的母親，依賴性強的兒子，以及子女與父母之間難分難解的連繫與束縛。但我曉得這一切都不足以闡明我與母親的關係；尚待了解的，還有很多，很多。

從她身上，我領略到一種無條件的接納，不管我是好是壞，是成功是失敗，在她身邊還是遠在他方，都沒有關係。在她身上，我體會到一種不帶要求或操控的愛，這種愛給予我的歸屬感，是不能在別的地方找到的。我難以確切地表達我的感覺，「歸屬感」已是最接近的字眼了。母親代表著一種良善而安全的真實，這種真實遠較她自己魁偉。即使在混亂和不安中，又或面對衝突和失敗，我仍會堅持生命最終都是美善和仁慈的。我深知她是我的老師，以往是，現在仍是。這不是頻密的探訪、書信來往、電話聊天的結果；與討論問題、製訂計劃也不大相干；與日常生活的大小決定更扯不上關係。由於我倆的家在大西洋兩岸遙遙相隔，這種形式較簡單的依賴關係，甚少有出現的場合。

當我默默反省：「活著總教不活著好，掙扎而失敗總比從不掙扎好。」我深信這或多或少帶有母親的影子。也許我能指出的是，她給了我一個基本的觀念：生命是美善的，使我因而無拘無束、毫無畏懼地去了許多地方遊歷，與許多不同的人相處，並在許多不同的環境下，縱是遠離家鄉仍能感到閒適自在。

如果我把這等事情告訴她，她可能會感到迷惘、尷尬，甚至不適。又或者她只會稱我為感傷主義者。事實上，我不可能對她說出這些話。是要到了這一刻，她走了，被埋葬了，這些思想和字句對我來說才不再顯得傻氣或太浪漫；它們只不過是傳達著一個真理。

「假如她不再出現在我的思想、感受、情感的世界，生命會是怎樣的？」就這問題，以前的我從不能找到答案。如今，我明白到答案只能慢慢地、輕柔地、細膩地、耐心地悟出來。答案不會是蘊藏在一個思想或靈感中有待發掘，而是會通過一種全新的愛觀照出來。

我看到父親與弟妹在醫院圍著她的情景，開始明白到她是永不會拋下我們不理的。那份她給予我們、叫我們感念不忘的安全感——那份深信這個世界是可以依傍的歸屬感，是不會與她一同辭世的；反之，它會停泊在我們存在的深深處。

我在父親身上首先看見這份安全感。我常擔心母親一旦較父親先離去，父親會如何的傷心、悲痛。我常猜想與母親快樂地生活了那麼多年後，父親將怎樣孤獨一人的過日子。我看著他凝望垂死的妻子的神態，曉得他有一些我以前不曾發現的潛在資源。那就是一股不會遭死亡毀滅的愛的力量。我又看見他的淚光閃耀著能力、勇氣、自由。那時候我才確信母親的死不會把他壓碎。同樣的力量，出現在我的兩個弟弟和他們的妻子、我的妹妹和她的丈夫身上。他們正散發著愛與關懷的光華，把喪失慈母的悲愴掩蓋了。在我身上也有同樣的感悟。在那些日子，我感到剛強，甚至有種奇異的喜樂。那是一種感受到偉大的愛把我們聯繫在一起的喜樂；這份愛是她給我們的，也不會隨她的離開而給挪走。

我很難闡述我想說的事情。「愛」、「關懷」等字眼本來是很容易用感性的角度來交流的；然而，在我們這羣站在母親病榻四周的人當中，沒有一人擅於向對方表達情感。其實，在漫長的等候過程中，沒有一人說過一些別有新意的話。用詞總是大同小異的。可是，眼看著她的生命慢慢消逝時，我們全都感到彼此間由她建立的聯繫變得愈來愈強，愈來愈深。

我們開始感受到一份全新的親密感覺，這份感覺難以描述，遠超所謂「你們還有對方」的說法。對彼此來說，我們都變成了新的人，有著新的生活和新的角度。生命也開始用嶄新的方式來揭示自己。

我不是單單的跟母親道別；我同時也摒棄了自己身上一些應該死去的東西。在父親和弟妹身上，我目睹同樣的改變。那些造成我們之間距離的舊有界限，如今給打破了，新的親密正在滋長。

只有站在這樣的一個角度，我才能較充分了解為甚麼一家人走在一起禱告會變得這麼自然。還是孩子的時候，我們臨睡前都會一起禱告。現在大家雖然仍會在桌前一起祈禱，卻甚少進入禱告的親密中。

如今，一家人圍在母親的病榻邊，我們感到大家的禱告是自若的、自在的、自發的、自然的。禱告中的用語滿有力量和意義，遠勝我們曾向對方說過的一切話。它給予我們一種團結的感覺；那並不是對母親病情的揣測，或對她康復機會的估計所能製造出來的。它給予我們一種在一起的感覺；那決不是大家刻意營造出來的。它敞出了一片空間，讓我們可在那裏一同歇息。

我們唸誦的禱文中，有些是年幼時母親教導的，久違了的禱文如今重見天日；有些禱文是從來沒背誦過的；有些則是歷世歷代身陷苦境中的男男女女反覆誦讀的。

我們一起誦讀的禱文，成為了大家聚首一堂的空間；我們的恐懼與憂慮在那裏都消失無蹤了。那些禱文又彷如安全的居所；我們在那裏可輕鬆自若地攀談著，無須徘徊在不貼切或自創的術語中，搜索枯腸。詩篇、主禱文、聖母頌、信經、聖徒的連禱文，以及眾多的禱文為這個新居處建造了四道牆壁，我們得以在安全的結構內自由自在地走近對方，走近需要我們以禱告支持她孤軍作戰的母親。

白晝與黑夜，隨著綿綿不盡的禱告、寧靜、短談，一個復一個的溜走了。我們深深感受到她經歷到我們的同在，也感應到我們禱告的輕柔節奏。我們不時挨近她，告訴她我們在她身邊，告訴她我們對她的愛和感激。不過，更多時候，我們純粹靜默不語。起初，我們會閱讀書報雜誌來打發時間。現在，我們只是看著她，並互相對望，讓漫長的白晝與黑夜深化我們的同在。由那一刻開始，惟一重要的事，就只是與她同在，而不問甚麼，或要求甚麼。

4

經過三天的搏鬥後，母親已筋疲力盡。她再沒氣力猛烈地搖動手臂；她甚至不能再咕噥著禱文或用清晰的字詞向神呼喊。醫生看見她這場漫長而痛苦的掙扎後，說：「她彷彿在一道長梯上跑上跑落跑足三天，現在再沒有殘餘的力氣了。」

我們在她的牀邊坐著，靜看她的呼吸逐分逐秒漸趨微弱。三天以來，我們一直伴隨她掙扎，在病牀兩側緊緊抓住她，說安慰的話，為她默默祈禱或大聲禱告。在過去的一星期，我們偶爾會以為母親有生存的希望，或抱有短暫的幻想，以為母親總能回家再與我們在一起。我們尤其渴想的，是看見她睜開眼睛，對我們微笑，然後說幾句話。

我們一直盼望著母親會在某一刻跟我們打個招

呼，又或說一些話；這個盼望把我們的心神牢牢抓住。我們不斷問自己和對方：「她聽得見嗎？她知道我們都在她身邊嗎？她可感受到我們的愛和關懷？她可明白我們在說甚麼？她可感覺到我們正為她祈禱？」

有時好像隱約看見她微微跟我們打招呼或示意；但絕大部分時間她的眼神迷茫空沌，就是抓住她的手，她也是毫無反應。父親看著她，柔聲說：「我知道你有很多事情想講，但你不能——那不要緊，我們就在你身邊。」當父親說著這些話時，我極渴望得到母親的回應，只須稍稍回應一下就行了，例如說一個字、點一下頭、牽一牽嘴角、動一動手背。我們就好像在乞求多點兒接觸。

人類真是多麼渴望與其他人接觸！與母親相處了三十、四十、五十年，有過無數次的談話、討論和親密的交流，我們仍想再次得到她的示意。我們仍在盼望著母親再一次祝福我們。我間或感到內疚，因為母親曾付出了那麼多給我們，我竟還渴望她再惠賜我一個回應。我甚至覺得自己自私、貪婪。可是，那個渴求始終存在，而且十分強烈。我們必須慢慢接受她其實已給了我們夠多了，甚至是過多了。

時光點滴的溜走，大家都清楚知道，她愈來愈接近死亡的邊緣，而我們永不能再接收到她的一字一詞或一個手勢了。在過去的三天，雖然我們早已曉得她正步向死亡，但直到這一刻，我們才意識到終局的含意。那表示我們再沒有機會表達感謝或悔疚、喜樂或哀愁，再沒有機會去改變任何事情。永沒有。她的生命快要終結，我們與她的關係正移進回憶的國度。我們明白到她的丈夫、兒子或女兒與她一切的「相知相交」，將會在這一刻永遠給界定了。日後的問題不再是：「我們將如何與她相處？」而是：「我們將如何懷念她？」

看著喘吁吁的母親，在掙扎中精疲力竭，我們腦海中的回憶開始慢慢整合，把所發生的一切總結起來。父親望著我說：「我和你媽媽一起的生命，在眼前徐徐飄過：我們初次見面的情景、當初快樂的時光、最初的小爭拗和衝突、一起工作的艱辛歲月、你的誕生及其後發生的一切，直到今天……好像一幅幅小圖畫般呈現在我眼前。」望著父親，我打從心底裏感受到人生的短促：一閃而過、稍縱即逝……來去匆匆……昨天今天……全都壓縮在睫毛眨動的一瞬間。在這一刻，我感到無比的溫柔：一種以前從未嘗過的親密。當中的感通，並不是如智者向愚者說話、老叟向青年訓諭、過來人向初學者傳授心得般。在死亡臨到的一刻，所謂聰明與愚昧、年老與年青、專家與新手的界限，不復存在；我們都是同一樣的人，一同領受眾生平等的恩典。

終局臨到的一刻，寂靜無聲。我離開了病房打電話去。我最年輕的弟弟和妹妹在醫院的走廊上踱步聊天，這是他們偶爾不在母親牀邊的時刻。父親與二弟則守在母親病牀的兩側，靜看著她的呼吸。一切都很安靜。護士剛替母親整理牀鋪、洗手、洗臉、梳頭。一切都十分安靜。

黃昏時分，六時許。父親正全神貫注地看著母親，以為她仍有很多小時的生命。可是他赫然發現她的呼吸突然變得緩慢，她的頸部肌肉微動了兩下。父親曉得她已停止呼吸了。一切很平靜，非常平靜。父親彎下頭，吻她的手，然後哭了。接著他對二弟說：「她已離開了；快通知哥哥和弟妹。」我們站在母親牀側的時候，一起唸著過往數天經常唸誦的禱詞。不過，我第一次加上一句在日後漫長歲月裏我們會說的話：「願永恆的真光照亮她，使她安息。」

母親的呼吸就這樣停頓了，一切就是這樣子。父親用謹慎的詞句敘述她生命最後幾分鐘的變化，把她的生命如何隨著頸部輕微震動而結束的情景告訴我們。「這是不明顯的。」他說，眼神流露了柔和的微笑。一點也不戲劇性，一切都如此安靜。很難把它形容為一樁事件。某一刹那，我感到難過，因我不在房間裏頭。不過我隨即明白到我應感恩，因為父親能在最後的數分鐘與母親如斯接近。我認識到由他而不是我來敍述故事，是恩典。

5

周末霧茫茫的早上，我拉開睡房的窗簾，田野上厚沉沉的霧靄，盡收眼底。我想對許多人來說，要來這個偏僻的小村落並不容易。母親的葬禮會在十一時正舉行。葬禮完畢，我們會把她埋在原址是一所曾遭戰爭摧毀的古老教堂的小墓地上。

望著迷濛的白霧，我嘗試捕捉自己在這一天的感受。我發現很難走近自己的內心世界。蘊藏心扉的，既有訣別的憂傷，也有與好友重聚的歡愉：四方八面的朋友來到我們當中，與我們一起禱告。這一天我得提醒自己、家人、朋友，她真的已離開我們了，她不會再弄早點，或喊我們的名字，或和顏悅色地在客廳出現。我必須讓她已離去的真實沉澱在心靈的深處。

我忽地回想起這個星期最難過最憂傷的時刻。我和父親一同從醫院驅車返回父母住上了八年的小鄉鎮，在四十五分鐘的車程中，我們輕聲地談及母親。當車子駛進那條直抵家中的道路時，一種深沉而內在的哀傷遽然襲來。淚水奪眶而出，我不敢面向父親。我們都明白。她不會在家。她不會打開門扇，擁抱我們。她不會問今天過得怎樣。她不會引我們到桌前，把茶倒進我們的水杯中。父親把車駛進車庫，其後我們走向門廊。頃刻間，焦慮的情緒緊壓著我。入屋後，我們才猛然醒悟，原來我們的家，已變成了一幢空蕩蕩的房子。

闊落的客廳，雖然仍掛著熟悉的油畫，但如今好像變成了會客室；睡房儼如客房；廚房彷彿變成了冰冷寂靜的角落。我在不同房間中來回踱步，感到渾身發抖。多年來與母親朝夕與共的一切，如今在提醒我：景物依舊，人面不再。過去一直告訴我她在家中的一切，如今卻對我說：你永遠都不會再聽到她溫暖的聲音了。

我走進她的小書室，躑躅在林林總總的家庭合照中。我細看著一幅幅我和弟妹的照片，赫然發現那些曾看過許多遍的容顏，倏忽間變成了不一樣的影象，正在述說著不一樣的故事。我坐在她的桌旁，細讀她住院前所寫的短箋，赫然意識到每星期寫信給我的她，從今以後不會再寫隻字片言給我了。在她的抽屜裏，我發現一些紙夾和信封上寫著我的名字，才曉得她坐在書桌前的時刻，是多頻密的想起我。直到目前這一刻，我才充分認識到我已變成一個不同的人：一個沒有母親的人，一個要面對全新的孤獨的人。

我問父親：「要咖啡嗎？」「我來弄吧，」他說。我們捧著杯子坐下來的時候，心中掠過一種猶如置身於別人家中的感覺。

這個晚上，我撿起母親的祈禱書，然後問父親：「你想唸我在家時經常與母親同誦的禱文嗎？」「好的，」他說。我們一同誦讀母親臨睡前唸的晚禱文。

接下來的數天，家中的一事一物不斷叫我想起她。在她逝世與舉行葬禮之間的幾天，叫人悲鬱不已，因為我從多個不同的角度發現，她已離開了我們。多年來習以為常、明顯不過、不言而喻的事情，現在全都化為回憶的主題了。往往是細微的東西，最是叫人悲愴。那些微小的習慣，已成為我們一起生活的日子的一部分：她坐在桌前的方式、她聚集我們一起喝咖啡的時光、她上教堂敬拜神的時刻。就這樣，她在每一天、每一刻持續不斷的在我們的心中逝亡。

周末終於來臨了。我感到這個喪禮和葬禮將會是第一個好時機，叫母親的死轉化為一個新的開始，並與眾人分享嶄露的新希望和新生命。我凝眸遠望煙霧迷濛的田野，心中甚至不期然浮起某種快樂的期待。我們準備在這一刻為她的生命慶祝；為她對我們付出的一切獻上感謝；並與眾親友和村莊的人分享我們的憂傷和盼望。

舉行儀式的時間到了，村莊的教堂擠滿了人。不僅座無虛設，連耳堂內的小禮拜堂和唱詩班樓座都站滿了人。我進入教堂，披上主禮人的禮服。此時，內心遽然湧起一種難以言述的感觸。

我準備為母親獻上感恩祭。是她喚起我當傳教士的意欲；與她一起，我獻上過無數次感恩祭。

我準備祝福和香薰母親的身體，向她作最後的道別。在她的一生中，她常常、不間斷的祝福我。

我準備向一切因她的逝世而來到這裏的人宣告盼望和新生命的信息。他們當中有許多人很久沒聽過福音了。

一個簡單的領悟深深打動我。這個我急切期盼著的典禮，並不是恐懼和焦慮的時辰，而是平靜和安慰的時刻。我準備把摯愛的母親埋葬，向她的朋友談論她，向神唱讚美和感恩的詩歌，向會眾施行聖餐以記念祂對我們恆久忍耐的愛。

這個儀式確是一個真正的慶典，就正如父親所期望的。祈禱書的字句、慶典的音樂、會眾的歌聲、感恩祭的神聖恩賜，使這個時刻成為奇妙美好的一刻。生命之神的美善在這一刻得以確認；我們憂傷的心靈在感恩中得以提升。

步向墓地的路程，也許較這個教堂內的慶典，更叫我們深深體會到神的臨在。我們的言詞和歌聲過後，輪到大自然在這個送別的時刻唱出對神的讚美。我們護送著棺木離開教堂時，薄霧已然消散，太陽越過雲層，露出嫣紅的臉頰，青綠的草地閃耀著燦爛的星輝。送葬的隊伍緩步前進，神聖而莊嚴，哀悼者彷彿逐漸變成雀躍的舞蹈員。幼馬在田野上疾馳；鳥兒在半空中飛舞；民眾在清風中搖曳，孩子在街道上奔跑並傳來陣陣的歡笑聲——全都映照著生命的神的臨在。面對著這些展現大自然龐沛活力的明顯徵兆，就算是那些仍悲痛欲絕的送葬者，也不得不頓時撤離深沉哀戚的內在省思。我感到這次送葬之行，是一生中最短卻最長留心中的路程。

十字架後走著的，是我的兩個外甥小馬克和賴尼爾。他們年紀尚小，未明哀悼的真義；但拿水桶和噴灑器來為外祖母做一點重要的事情，卻是綽綽有餘的。在我前面的，是教堂的神父和大舅父，他們都穿上了教士袍。在我後面，弟弟保羅和維姆、妹夫馬克，以及四個鄰居扶著棺木緩步前行。我感覺到父親、妹妹勞琳、弟婦瑪麗亞和凱爾琴、小甥女弗雷德里克正在同行。他們緊隨棺木走著，差點觸碰到鋪在靈柩上的鮮花。我邊走邊讓母親的銀唸珠在指間溜動，那是父親昨天交給我的。這時候，很難集中精神在任何特殊的事情上。流動的空氣中，混雜著颯颯的風聲、淘氣小孩的喧嚷聲、長長送葬隊伍的祈禱聲，叫人感到悲切而歡欣、陌生而熟稔、陳舊而新穎、嚴肅而輕鬆、艱辛而輕省。我乾脆讓這些對比強烈的感觸在心靈中融為一體，不予整理。

到了下葬的地方，剩下來要做的事、要說的話不多。簡單的禱告、感謝的言詞、靜默的注視——凝望著這片我日後會不斷重來的墓地。殘留腦海最後的印象，是各色各樣的鮮花，白的、黃的、紅的、紫的。送葬者相繼離去，獨剩父親和我在臨走前的數分鐘，佇立墓前，凝神注視鋪蓋在如今躺著母親遺體的墳塋上繽紛的鮮花。此時此地，我要再一次學習接受：母親已死，已離開，不會再與我們在一起了。潸流的淚水再也按捺不住了，我感到非常孤獨，非常傷心。我能做的，只是把響徹世紀的一句話再說一遍：「願永恆的真光照亮她，使她安息。」

6

三天後我返回美國。上次離開肯尼迪機場迄今不過兩個星期，卻恍如隔世。在八小時的航程中，我很想睡個痛快。連日來的焦慮、緊張、恐懼的情緒，以及喜樂、感激、愛憐的感覺把我的精力消磨殆盡，我只想忘掉一切，讓飛機把我載回家去。

然而，我是在回家途中嗎？走在肯尼迪機場不見盡頭的通道上；在長長的人龍中等候辦理過關手續；電召一部往紐黑文的機場客車——我感到自己是一個陌生人，擁有一份從未如此陌生的感覺。擁擠的人流熙來攘往，繁囂如昔，不過，這次我不禁問自己：「我在這裏做甚麼？我為甚麼要踏足在這片異鄉的土地上？我幹嗎要遠離那些最關懷我的人，到這裏生活和工作？」

慢慢地，我明白了，原來她——那個一直以來都在留意我每一個決定、討論我每一次旅程、閱讀我寫的每一篇文章及每一部書、視我的生命如她自己般重要的她——已不復存在。逐漸逐漸的，我意識到自己雖然遠在他鄉，但母親一直以來都是我流浪的一部分，而我一直以來都是用她的眼睛觀看世界，然後向她訴說我漫遊的故事。我開始感到眼前的機場、客車、回寓所的漫長路程，以及一切的瑣屑不便，變得愈來愈空虛、無聊，甚至有點荒謬，因為與母親一直以來從沒間斷的對話突然中斷了。即使這樣，我發現自己仍在苦苦沉思：「我該把這些事情告訴她」；「聖誕節回到家裏，她一定很想聽這個故事」，結果只是再一次證實她永不會再讀我的信箋或聽我的故事了。那麼，我的出行、我的演講、我的成敗得失、我的掙扎與當中的喜怒哀樂，還有甚麼價值——要是我的故事從此在空氣中懸浮虛晃？

回到美國就是回到我的悲痛去。當然，我還有父親，他對我的愛不下於母親。不錯，還有我的弟妹，以及許多用愛和關懷簇擁著我的朋友。然而，我如今回到美國後，滲透在我所思所感的，盡是母親不在人間的失落。我曉得從這一刻開始，我必須重新學習如何使這個世界成為我的家了。

深夜時分，我終於返抵寓所。我呆望牆上母親的肖像，不期然想到過去十年間她給我的一切一切。霎時間很難相信不過是數星期前，她和父親還坐在這些椅子上，一家人藉著談論生活的瑣事來表達對彼此的關懷。

緊隨的日子，真是非筆墨所能形容。疲勞、憂傷、悲鬱、慌亂，固然是生活的一部分，但當中也瀰漫著喜樂、感激、全新的感悟、淒美的回憶。我必須抗拒很快就「回復正常」的誘惑。我不時想起理查德．卡伯特博士；他在妻子去世翌日就如常講課，「若無其事」。

事實上，我感到一定的壓力，彷彿這種「回復正常、若無其事」的表現，是我們應當追求的境界。然而，環境並沒有容許我學效卡伯特博士的榜樣。相反地，我能騰出「沒用」的時間來。這對我尤為重要，因為若然不是這樣，我會很容易墮進「沒事發生、沒事改變」的幻想中。在一個傾向助你隱藏悲痛的社會，人必須作出十分自覺的努力，去悲悼，去追思，方能在悲痛中成長過來。那些穿上黑衣、潛隱多月來悼念哀傷的歲月，已成過去。但我深切感到若然缺乏一種明顯可見的操練，我可能會受不住誘惑，讓一切「回復正常」，因而忘掉母親，甚至在違反自己的意願下忘卻她。

但我知道我一定不能忘記她，即使記念會帶來哀痛、憂傷、悲鬱，我也一定要記念她。耶穌的門徒自我隔絕於羣眾四十天，為的是了解事情的因由。這段悠長的哀悼時期，對領受聖靈前的門徒，十分重要；因為只有通過綿長而沉痛的追悼，他們才會深深體會何謂主所應許賜給他們的安慰。只有當他們放棄緊緊抓住他們的主不放，主的聖靈才會降臨在他們的心靈中。

如果母親的苦痛和死亡確實與基督所承受的聯在一起，那麼，我是否也應期待她會參與基督差派聖靈到人間的行動？我愈是進入內心的悲痛，就愈是意識到一些新的事情即將誕生，而那是我從不認識的。我不禁猜想：每當那些與我們在愛中緊密連繫的人離開塵世，耶穌是否每次都會差遣祂的聖靈來到我們當中？

忘記母親，猶如禁止她派遣聖靈到我心裏，拒絕讓她提升我對自己生命的洞察和理解。我開始感受到耶穌所說的話的力量：「我去是與你們有益的；我若不去，保惠師就不到你們這裏來；我若去，就差他來……只等真理的聖靈來了，他要引導

你們明白一切的真理。」(約十六7、13)

耶穌的死、親朋的死、母親的死，難道都是與我有益的？我能否整個人身心靈同時確認，基督的死是真理的聖靈來到我們中間的途徑？我是否必須沉落在傷逝的離愁中，叫自己作好準備去迎接聖靈的降臨？

在母親去世後多個慌亂的星期，這些問題對我來說非常真實。我對自己說：「這是等候真理的聖靈來臨的時刻，假如我因為忘記母親而妨礙了她在我身上進行神的工作，願我遭殃受苦！」我感到有些重要的事情正受到考驗，遠較孝順地記念她、向她獻上崇敬、持守她的榜樣來得深層。非常確切的說，是在我裏面的聖靈的生命受到挑戰。記念母親的意思既不是指把她的故事向朋友反覆講述，也不是指追悼牆上的肖像或墓地的石碑，甚至不是指無時無刻地想念她。全不是。記念母親是指容許她驅散我內在的黑暗，帶領我更接近真光，從而讓她參與神持續不斷的救贖工作。在這段哀悼的日子，她每一天逐漸的在我裏面死去，使我再也不可能視她如母親一般地依賴她。然而，我沒有因為讓她溜走而失去她。相反地，我發現我倆從未如斯接近過。在基督的聖靈裏，通過基督的聖靈，她真的成為我底真實存在的一部分了。

我現已重返工作的崗位，如常的教學、閱讀、寫作、發笑、生氣。一切猶如五週前的樣子；但事情卻不一樣了。母親已不在人世，而她的離開是對我有益的。我愈來愈少談及她，甚至乎我的思緒也愈來愈少環繞她——但我卻沒有忘記她。記念她如今的意思是更樂意地迎接真理的聖靈，並釐清自己的使命。

還有許多黑暗，有待驅散；還有不少欺瞞，有待揭露；還有無數含混，有待消釋。母親的死是神改變我、讓祂的聖靈釋放我的途徑。一切的變化仍是新近的。雖然在這數個星期，許許多多的事情發生了，但接著的歲月會發生甚麼事情，卻遠超乎現在的我所能了解。我仍在等待，縱然已在接受；仍在盼望，縱然已經擁有；仍感疑惑，縱然已有所知。

有時候，我發現自己在做白日夢，幻想會出現徹底的改變、嶄新的開始、重大的心意更新和變化。然而，我曉得我必須耐心等候，容讓曾用她的一生悉心教導我的母親，如今藉著她的死給我更多刻骨銘心的教導。

譯後記

生有限、念無限

第一次感應到念與淚的關係，是讀到陳子昂的「念天地之悠悠，獨愴然而涕下」的時候。原來一個人念到深處——不管佇立在天地之間，還是蜷縮在密室隱處；走在熟悉的街道上，還是流連在異鄉的角落；躲在人羣的喧嚷中，還是埋首於無情的工作——內心都會湧起無以名狀的淚——淒冷的、溫熱的、沈鬱的、蒼老的……因為思念不是純理性的活動，意識所到之處，總會或多或少載著湛藍的回憶、灰濛的過去、泥褐的足印、緋紅的心結。沒有坦蕩的情懷，誰能承受得起思念皺起的繾綣？沒有生存的勇氣，誰能面對得起死亡投射的絕望和虛無？不思不念，就像在穹蒼的胸腹中把生命割成時空的碎片；深思熟念，又不免使自己沉溺於煙波浩淼的滄海中。也許是這個緣故，選擇半思半念的人居多，想到不明所以之處就不再深究；念到心靈絞痛處就駐足不前，以苟存性靈於生命中不能承受的思憶。

在《念——別了母親後》一書中，盧雲卻不怕心魂跌撞流竄的震盪。縱使「黯然銷魂者，惟別而已矣」，盧雲面對塵世間叫人最形神俱裂的喪母之痛，仍敢於打開自己的心靈，進入思念的盡處，作出極忠誠極徹底極深沉極無保留的剖思。盧雲深深認識到：「在一個傾向助你隱藏悲痛的社會，人必須作出十分自覺的努力，去悲悼，去追思，方能在悲痛中成長過來。」(頁43)「我愈是進入內心的悲痛，就愈是意識到一些新的事情即將誕生，而那是我從不認識的。」(頁44) 使盧雲從無邊的悲戚中振作起來的，竟是他對母親無限量、無局限、無界限的思念。

無限量，因為盧雲與母親之間存在著一種深厚得不能理解的愛：

> 某一天，她不再是我生命的一部分時，事情會變成怎樣，感覺又會如何？這幾年來，我經常問自己這個問題，雖然我明白不會有答案，因為這種體驗對我來說總是遙不可及。我逐漸意識到在我的童年、青

少年、成年各階段，我跟母親的聯繫愈來愈深，愈來愈密，甚至到了一個地步：在她離開塵世前，我永遠沒法完全了解聯繫的含意。每次我試圖猜想沒有她的生命是怎個樣子，我的腦海就會一片溟濛，甚麼都完全想像不到。（頁21）

現在，盧雲的母親真的離開了，那份母子之間的情只能化作無限量的思念。沉澱在盧雲心中的，是一份對母親綿綿無盡的愛與痛：

送葬者相繼離去，獨剩父親和我在臨走前的數分鐘，佇立墓前，凝神注視鋪蓋在如今躺著母親遺體的墳塋上繽紛的鮮花。此時此地，我要再一次學習接受：母親已死，已離開，不會再與我們在一起了。潛流的淚水再也按捺不住了，我感到非常孤獨，非常傷心。（頁38～39）

但我知道我一定不能忘記她，即使記念會帶來哀痛、憂傷、悲鬱，我也一定要記念她。（頁44）

然而，盧雲並沒有沉湎在個人的感傷中，積壓在他心底的，還有一種對母親無局限的悼念。盧雲曉得，母親的逝世，不僅對他個人來說有刻骨銘心的意義，對其他人而言，也散溢著人生的啟示：

> 現在她不再單單是我的母親了；她是一個剛告別塵寰的婦人，而她的兒子想談論她在有生之年和離開人間後向他揭示的信息。她在生時，她的生命只屬於少數人；她辭世後，她的生命卻惠澤所有人。(頁4)

這也是盧雲何以出版《念》的原因。在原書的封底，出版社道出了這部書的由來：

> 盧雲躊躇了頗長的一段時間：究竟應否把母親逝世的故事刊印成書？《念》原是寫給他的親友的。後來，許多在這個細小圈子以外的人看過這本書，並因為有緣拜讀而向盧雲深深致謝。他於是釋除疑慮……

從無限量的傷逝、無局限的感悟中，盧雲深深體會到對摯愛的母親的思念，是超越生死的界限的。死不單是生之結束，也是新的開始；至愛離世的日子，不僅滲透著疲勞、憂傷、悲鬱、慌亂，而且也瀰漫著喜樂、感激、全新的感悟、淒美的回憶——因為真理的聖靈會來到信徒當中，在他們身上進行神的工作，這正是信徒盼望的所在：

> 記念母親的意思既不是指把她的故事向朋友反覆講述，也不是指追悼牆上的肖像或墓地的石碑，甚至不是指無時無刻地想念她。全不是。記念母親是指容許她驅散我內在的黑暗，帶領我更接近真光，從而讓她參與神持續不斷的救贖工作。在這段哀悼的日子，她每一天逐漸的在我裏面死去，使我再也不可能視她如母親一般地依賴她。然而，我沒有因為讓她溜走而失去她。相反地，我發現我倆從未如斯接近過。在基督的聖靈裏，通過基督的聖靈，她真的成為我底真實存在的一部分了。
> (頁45～46)

在基督的聖靈裏，死不是終點，不是結局，不是無盡的苦澀與悽愴。通過對離世的人無限量、無

局限、無界限的思念，真理的聖靈會臨到信徒中間，引導我們明白一切的真理——這是盧雲深切的領受。在盧雲親切而澄澈、溫柔而有力、真摯而纖細、淺易而深入的筆觸下，《念》為沉落在生離死別的創痛中的信徒，帶來了赤誠而無限的安慰。如今，盧雲也不在人世了，我們懷念他，就像他懷念母親一樣。在懷念的過程中，我們的心正好跟他的心跟他母親的心跟其他告別塵世的人的心跟曾飽受死亡痛苦煎熬的基督的心全都連在一起，一同參悟死亡的真諦、生存的內蘊；在有限的一生，敞開無限的心。

莊柔玉

二○○○年四月九日

作　者　簡　介

盧雲 (Henri J.M. Nouwen)

原籍荷蘭，著名靈修及牧養神學作家，曾於美國聖母院大學、耶魯大學及哈佛大學之神學院任教多年。一九八五年離開哈佛大學，在法國Trosly 的「方舟團體」(L'Arche Community) 生活，等候及尋索未來的「召命」。終於受「方舟團體」在加拿大多倫多市以北的「黎明之家」(Daybreak) 邀請，自一九八六年起為其牧者，服事家中的弱智人士及職員，直至一九九六年九月安息主懷止。其作品包括《羅馬城的小丑戲》、《心應心》、《始於寧謐處》、《念》、《親愛主，牽我手》、《奉耶穌的名》、《與祢同行》、《鏡外》、《新造的人》、《生命中的耶穌》、《愛中契合》、《黎明路上》、《建立生命的職事》、《負傷的治療者》、《亞當》、《活出有愛的生命》及《盧雲眼中的梅頓》等。

盧▪雲▪著▪作▪一▪覽▪表

Intimacy: Essays in Pastoral Psychology (1969)
《愛中契合》香港：基道，一九九四。

Creative Ministry (1971)
《建立生命的職事》香港：基道，一九九六。

With Open Hands (1972)
《親愛主，牽我手》香港：基道，一九九一。

Thomas Merton: Contemplative Critic (1972)
《盧雲眼中的梅頓》香港：基道，一九九九。

The Wounded Healer (1972)
《負傷的治療者》香港：基道，一九九八。

Aging: The Fulfillment of Life
(With Walter Gaffney, 1974)
《生命的頂尖》香港：文藝，一九八〇。
《流金歲月》(新版)香港：文藝，二〇〇九。

Out of Solitude (1974)
《始於寧謐處》香港：基道，一九九一。

Reaching Out (1975)
《從幻想到祈禱》香港：公教，一九八七。

Genesee Diary (1976)

The Living Reminder (1977)

Clowning in Rome (1979)
《羅馬城的小丑戲》香港：基道，一九九〇。

In Memoriam (1980)
《別了，母親》香港：基道，一九九〇。
《念：別了母親後》(重譯本)香港：基道，二〇〇〇。

The Way of the Heart (1981)

Making All Things New (1981)
《新造的人》香港：基道，一九九二。

A Cry for Mercy (1981)
《頌主慈恩》香港：公教，一九八五。

Compassion (With D. McNeil and D. Morrison, 1982)

A Letter of Consolation (1982)
《慰父書》台灣；光啟出版社。

Gracias! A Latin American Journal (1983)

Love in a Fearful Land (1985)

In the House of the Lord/Lifesigns (1986)

Behold the Beauty of the Lord (1987)

Letters to Marc about Jesus (1988)
《生命中的耶穌》香港：基道，一九九三。

Circles of Love: Daily Readings with Henri J.M. Nouwen (1988)
《愛的漩渦：與盧雲默觀》香港：公教，一九九五。

The Road to Daybreak: A Spiritual Journey (1989)
《黎明路上》香港：基道，一九九五。

Heart Speaks to Heart (1989)
《心應心》香港：基道，一九九一。

Beyond the Mirror (1990)
《鏡外》香港：基道，一九九二。

In the Name of Jesus (1990)
《奉耶穌的名》香港：基道，一九九二。

Walk with Jesus (1990)
《與祢同行》香港：基道，一九九二。

The Return of the Prodigal Son (1992)
《**浪子回頭**》台灣：校園，一九九七。

Life of the Beloved (1992)
《**活出有愛的生命**》香港：基道，一九九九。

Show Me the Way (1992)

Jesus and Mary: Finding Our Sacred Center (1993)

Our Greatest Gift: A Meditation on Dying and Caring (1994)

Here and Now: Living in the Spirit (1994)
《**念茲在茲**》台灣：光啟，二〇〇〇。

With Burning Hearts: A Meditation on Eucharistic Life (1994)
《**熾熱的心**》台灣：光啟，二〇〇一。

The Path of Freedom (1995)

The Path of Power (1995)

The Path of Waiting (1995)

The Path of Peace (1995)

Can You Drink the Cup (1996)
《**你能飲這杯嗎？**》台灣：上智，一九九九。

The Inner Voice of Love: A Journey through Anguish to Freedom (1996)
《**心靈愛語**》香港：卓越，一九九七。

Bread for the Journey: A Daybook of Wisdom and Faith (1997)
《**心靈麵包**》台灣：校園，一 九九九。

Adam: God's Beloved (1997)
《**亞當——神的愛子**》香港：基道，一九九九。

Sabbatical Journey: The Final Year (1997)
《安息日誌——秋之旅》香港：基道，二〇〇二。
《安息日誌——冬之旅》香港：基道，二〇〇三。
《安息日誌——春夏之旅》香港：基道，二〇〇三。

The Road to Peace (1998)
《和平路上》香港：基道，二〇〇二。

Finding My Way Home (2001)
《尋找回家路》香港：基道，二〇〇四。

Turn My Mourning into Dancing (2004)
《化哀傷為舞蹈》香港：基督徒學生福音團契，二〇〇四。

Peacework: Prayer, Resistance, Community (2005)
《和平篇章》香港：基道，二〇〇七。

Encounters with Merton: Spiritual Reflections (2004)
《遇見牟敦》台灣：光啟，二〇〇七。

Selfless Way of Christ: Downward Mobility and the Spiritual Life (2011)
《向下的移動》台灣：校園，二〇一二。

緊扣時代 服事教會

以文字傳揚基督真道

讀者意見表

衷心多謝你購買本社書籍。本社一直致力以出版事工服事教會，幫助信徒扎根於神的話語，促進靈命增長。為使我們的出版更能滿足你的需要，請填寫下列各項資料，並寄回或傳真予本社。

所購書籍：____________________

本書最吸引你的地方：
☐作者　☐適切性　☐文筆　☐設計　☐實用性
☐其他：____________________

購買本書地點：
☐基道書樓　☐基督教書店　☐非基督教書店

性別：☐男　☐女　職業：____________________

信仰：☐基督徒　☐非基督徒

年齡：☐ 16 歲或以下　☐ 17～25 歲　☐ 26～35 歲
☐ 36～55 歲　☐ 56 歲或以上

學歷：☐中三或以下　☐中五　☐預科
☐大學　☐研究院

☐我欲更多了解基道出版社的事工及考慮支持，請寄給我下列資料：
☐機構簡介　☐新書資料　☐基道會員通訊
☐《基道文字事工通訊》

姓名：____________________電話：____________________

地址：____________________

____

傳真：____________________ 電子郵件：____________________

其他意見：____________________

____

多謝賜教！

意見表可以傳真（2687-0281）或直接郵寄以下地址：
香港沙田火炭坳背灣街26號富騰工業中心1011室
基道出版社編輯部收